청 혼

홍천 전문구 시인 대표 영상
QR코드로 감상하기

창작동네 시인선 189

청혼

인　쇄 : 초판인쇄 2024년 12월 05일
지은이 : 전문구
펴낸이 : 윤기영
편집장 : 정설연
펴낸곳 : 노트북 출판사
등　록 : 제 305-2012-000048호
본　사 : 서울시 동대문구 사가정로 256-4호 나동B101
전　화 : 070-8887-8233 팩시밀리 02-844-5756
H　P　: 010-8263-8233
이메일 : hdpoem55@hanmail.net
판　형 : 신한국판형 P144_130-210

2024. 12_청혼_전문구 다섯 번째 시집

정　가 : 10,000원

ISBN : 979-11-88856-91-6-03810

*저자와의 협의로 인지는 생략합니다.
*잘못된 책은 교환해 드립니다.

청혼

창/작/동/네

목 차

1부. 청혼

008...청혼
010...짝사랑
011...감사하며
012...한옥
013...누에
014...하소연
015...행운
016...원조
017...그리움
018...본능
019...빈사랑
020...이기주의
022...이유식
023...인생
024...정거장
025...삶
026...한번 피는 꽃
027...신비함
028...첫사랑
029...가장
030...댕기를 풀면
032...청혼 엽서
033...결혼

2부. 여름

036...○
037...행복
038...모래
039...바다는
040...불
041...바지랑대
042...속
043...의자
044...가지는
045...지렁이의 여행
046...그대
047...봉숭아
048...비야
049...소금의 눈물
050...솥
051...잡초

3부. 가을

054...담과 장미
055...흔적
056...툇마루
057...책임
058...커피향
059...변해도
060...무섭게 흐른다
061...친구
062...섬
063...긴장과 뒤
064...열매는
066...국화

067...사랑비
068...하늘
069...비우지 말자
070...산책

4부. 겨울

074...마늘
075...너의 맘
076...파투
078...가난
079...고목
080...씨앗
081...눈(雪)
082...나와 꽃
084...책
085...세월은 번개

5부. 사계절

088...수리되는 인간
089...무서움 이란
090...손가락
091...울어라
092...마음 아파하지 말자
093...천사
094...첫사랑
095...현의 집
096...예쁜 걸음

097...천사의 웃음
098...후일
100...주인공은
101...길
102...잠시
103...둥근 손잡이에 꿈
104...안개꽃
106...이유
107...이유·1
108...하루
110...세 살 버릇
111...외솔길
112...뉴스
113...모나리자의 눈썹
114...성공하는 사람들
115...손맛
116...진구의 맛
117...물의 성격
118...보이지 않는 길
119...부부 싸움
120...시계
121...인생
122...순간의 찰각
124...혼례
126...자유
127...점
128...천재는
129...거짓말쟁이
130...해설_정설연 시인
　　　미래를 향한 긍정의 서정미학

1부. 청혼과 봄꽃

행복이라는 향기로
주변을 가득 채울 수 있도록
인생을 다하겠습니다
그대는 유일한 나의 천사
이 생명 다할 때까지
그대의 미소가 되겠습니다

청혼 중

청혼

간택된 사랑은
어느 날 넓은 마음을 선택해 태어난 것이
그대를 만나기 위한 주춧돌이었습니다

깊은 우주에
셀 수 없는 블록이 들어 있어
하나둘 숙성되어가는 과정이었습니다
나에게 채워야 할 퍼즐을
유일함이 메워 줄 수 있듯이
맞춰가는 인생은 아름답습니다

그대 꽃은 아름답지만
나의 봉오리는 부족합니다
그대의 따뜻한 손이 필요합니다
사랑으로 아름답게 피워주세요
그대의 심성으로 아름답게 피어날 수 있습니다

행복이라는 향기로
주변을 가득 채울 수 있도록
인생을 다하겠습니다
그대는 유일한 나의 천사
이 생명 다할 때까지
그대의 미소가 되겠습니다

님을 사랑합니다
그대만 있으면 행복합니다
저의 청혼을 받아주세요

그대를 목숨 바쳐 사랑하는
                        드림

전문구

짝사랑

두근두근
소녀의 새 가슴을 끄집어냅니다
달무리를 누르고
다가가면 흔들리는 같은 극의 자석
벌써 그치는 몇 년 지난 묵은지로
내가 어떤 김치를 좋아할지
모르면서 익어갔을 거다

더위의 입 냄새도
숨죽인 향기를 맡아가며
그리고 치즈의 꼭대기에
비닐을 더 넣어 착착 쌓아갔을 거다

언젠가 당겨질
자석의 극을 상상하며

감사하며

꼬리가 떨어진다는 것은
세상의 선택을 받은 거야
누구나 태어나는 건 아냐
딱 한 번 태어난 인생이지
오점을 남기고
평생 입술을 내밀며
가슴을 굶기지 말자
행복의 점을 찍어
넓혀가며 살자
미래는 너의 것이야
아픈 흔적은 감추고
행복의 흔적은 쌓이지

유일함에 감사하며 살자

전문구

한옥

기와에 내려선 버선코
넘어서는 대문에
한복을 입은 원앙
엇갈리게 잡은 손에
빈틈없는 조화가 부드럽다

댓돌에 앉아
마루에 솟아난 기운
대들보를 보듬는 초석 기와
살포시 담아놓은 태양을 울린다

색동으로 지은 방석
원앙금침으로 담아놓아
흘러내리는 옷고름

천상을 넘나들며
바람도 감춘 소리에
가냘픈 어미의 모성애는
기둥 속에 숨어든다

역사를 이어준 세월
어머니로 변한 여인
초인적인 힘을 지탱한
한옥의 전통이 따스하다

누에

움직임이 사르르 녹아
눈을 뜨는 주름 없는 묘
파란 잎과 드잡이의 설렘
갈린 뼈다귀 기둥 삼아
누워있던 주름을 심는다
길게 늘어진 잠에
먹이도 고개를 뻣뻣이 들고
미련 없이 눕는다

푸른 잎에 숨 쉬던
묘는 사라지고 하얗게
수염 난 용이 되어
가닥을 심고 있다

자존심 없이 자란
꼬물거리는 졸린 눈은
감지 못하고
접근 없는
허공에 집을 짓고
지구를 돌고 돌아
가만히 비단을 감는다

전문구

하소연

어릴 적
운동장 그늘진 한쪽 구석
열 평의 땅을 묻어놓고
땅 뺏기를 할 때도
서너 평은 내 것이었는데
나이 든 지금
내 땅이라고는
한 평도 없는 인생이라니

행운

그래
사람으로 태어난 게 행운이지
복잡하지만 단순하게 사는 거
미래보다는 현실에 안주하는 거

그 행운은
대한민국 국민이라는 거
주민등록에 얹혀 보이지 않는
주민 센터 소속이라는
아직 마르지 않은 잉크

세를 낼 수 있다는 게
얼마나 행운인지

전문구

원조

간편하고
언제 어디서나
채울 수 있는 만족
편한 이동 도시락
맛과 품격 촉감 보관
변하지 않는 맛
바라보는 눈이 즐거운
흉내 낼 수 없는 원조 도시락
울 엄마 가슴이지

그리움

첫사랑이 보고 싶다
가득히 눈을 감고
그려보는 첫사랑

감긴 나이테 벗기고
그 나이로 돌아가고 싶다

단지 그리움 하나 때문에

전문구

본능

혈관이 확장한다
늘림과 줄임에 고무줄의 탄력
요술처럼 터지지 않는 여근곡
온도 변화에 민첩하고
흥분 도에 따라 동행
두뇌에서 전달되는 아우성
둔덕이 경련을 일으키고 땀이 솟아
혈관에 흐르는 끈적이는 곳
딱딱한 풍선이 집을 지을 때
아픔과 견딤을 넘어선 도파민
삶이 흥분의 도가니로 접속

진화에 진화한
인간의 온도에 따라
삶이 행복해지는 진화
대화로 삽입된 두뇌의 흥분은
이성적인 기절을 일으키고
바람 빠진 비눗방울에
즐거운 한숨으로 꺼지는 땅
신이 선물한 아름다운 축복

살짝 두 팔을 두르면
싸움이 사라지는 행복
아침상은 감춘다

빈사랑

시노래

잴 수 없는 가격
흔하디흔한 사랑이
그대가 평생 한마디 못한 말

세 마디면 족한데
부모를 사랑한다는
아내를 사랑한다는
자식을 사랑하는 말

사랑이란 무게가
가짜 사랑으로 흘러들 때
원가 없는 가격으로 떨어지고

너무 무거워 못하는 말
모르게 맺어지지 않는다
뒤돌아 후회하지 말고
작고 아름답게 표현하며 살자

사~랑~해

전문구

이기주의

나라를 잃어 본 적이 있더냐
역사로 아는 나라 잃은 슬픔을
한쪽 페이지에 쓰였던 낙서장이더냐

크게 생각하는 마음을 길러라
부부 싸움 가정
아이들은 속이 터져 밖으로 뛴다
같은 인간인데 저렇게 다를 수가
마약을 삼켰어도 저러진 않을진대
똑같은 입인데 저리 더럽고 가증스러울

어제 한 일도 모르쇠
내가 아니면 모두 잘못된 생각
하나도 맞는 것이 없다면
왜 입을 만들어
언어를 물고 다니는지

말 못 하는 동물도 배가 부르면
경쟁하지 않는다
하지만 먹고 나면 더하기 빼기
완벽한 숫자는 없다고 하나

그들의 머릿속에는
기운 쓰다 엉덩이 터지는 날
휴지 달라고 떼쓰는 날이 올 거야

전문구

이유식

간편한 엄마 가슴
입만 벌리면 찾아들던 꿀

갑자기 바뀐 입에 닿는 촉감에
당황한 아이 눈이 커진다

반숙이 삶은 달걀로 변하는 순간
먹어야 산다는 간절함에
이유 있는 입은 자동으로 벌어진다

맛의 자유로

인생

빵빵해진 삶
청춘 가득한 풍선
아리게 시린 부족한 시듦

다시 채우다 붉어진 얼굴
탱탱하게 유지하려는 삶

빵빵하게 산다
자랑하지 마라

뾰족한 마음 하나면
흔적 없이 사라지는
터질 수 있는 인생이니

전문구

정거장

기다림
의자를 내어줄 시간이 되면 분주하다

잠시 걸친 연인
따뜻한 온기를 남기고
바람에 부탁하고 사라진다

먼지 폴폴 날리며 떠나는 임
고개 넘어 꼬리가 잘리면
적막이 기다림을 누른다

만남을 시기하지 않고
허풍 없는 주정뱅이도
편견 없이 기다리리

다만 떠나보내는 임
돌아선 뒷모습에 울컥
기약 없는 온도만 기억할 뿐

삶

숨을 터트리며
세상에 보이는 피는
인생길에 굴곡이 있다는 의미

시간의 피를 삼키며
꼬리를 무는 생은
피 말리며 사는 인생

전문구

한번 피는 꽃

백일을 피는
꽃도 저리 예쁜데
백 년을 피는 인간은
얼마나 더 예쁠까

낮과 밤을 가리지 않고
숨어서 피움도 없는데
얼마나 더 예쁘게 피우려
우리는 가려서 피울까

한번 피는 인생의 꽃
떨어짐을 두려워 말고
떨림은 가슴에 심자

누구나
한 번 피는 꽃이기에

신비함

몽우리 진 입
참고 참았던 무지개 꿈으로
화려하게 피어나려는 인생

두근거리는
신비스러움
밤을 섞고 나면 사라지는 신비함

감질나는 신비함은
익어가는 삶에 활력소

전문구

첫사랑

어느 가벼운 날 아침
가랑비에 찬바람이 서리면
나는 갈등을 겪지
지나간 날이 내려와
마음을 달뜨게 하고
눈 속에 젖은 커피잔에
하얗게 오르는 추억이
향기에 묻히곤 하지

말캉한 첫눈이 서리던 날
야릿한 눈에 풍덩 하고 잠겨있었지
흰 구름 위에 그녀는 떠 있었고
나는 눈을 감았지
심장이 숨은 줄 알았더니
눈 속에 튕겨있었어
두근두근 포개져
그대 곁에 겹쳐 하나가 되어 있었지
뜨거운 햇볕에 지렁이처럼 굽어진 줄 알았더니
어느 날 문득 첫사랑을 안고 살아야 하는지
그땐 몰랐지

비 오는 날 아침 기억은
참 기분 좋은 가벼운 날이지

가장

저녁 하늘이 길어질 때
반짝이는 가로등이 내려와
허공을 줍던 아비는
비틀거리는 네 다리를 끌고
걸음마를 하고 있다

굴속을 찾아드는 헐은 신
경련이 멈추고
공연의 막이 내리면
깨지 않은 알을 품으려
둥지로 찾아든다

정물화로 확인한 둥지
허공에서 딴 열매를 굽는다
그리고 나는 누구냐며
오염수를 굴리며 닦아낸다
그리곤 알 수 없는
기차 소리와 함께
긴 터널 속으로 잠수한다

전문구

댕기를 풀면

지난밤 무서리도 시들고
흘러간 노래도 사라지고
눈 뜬 새벽이 붉은 입을 벌려
머리에 이슬을 깔아 넣었지
입술이 튀어나와 루주를 더듬고
하얀 향기를 뒤집어쓴다
둥치와 가녀린 허리로 유혹하고
빨간 댕기로 살랑살랑
코짤맹이[1] 꼬리를 흔듦에
기에 질린 숫총각 두 볼을 터치하며
자분치가[2] 미세하게 흔들린다

꺾으면 끝까지 책임을 다하소서

안방을 차지한 구석에
고이 모셔둔 화병 목욕재계하고
끈적하게 흐른 계곡 사이로
히체를 담근다
정성 들인 몇 해 황홀한 거울 속
오염돼 가는 물에 시들어만 가고
눈길조차 떠듬거린다

댕기 푼 꽃이 시들어가는 건
나이 듦을 탓해야 하는지
채우지 못한 물로 시들어가는 것인지
빨간색이 꺾이며 무지개색으로 번지니
책임을 다하소서

*잠채꾼(심마니)이 호랑이를 부르는 은어
*귀 앞에 난 잔 머리카락

전문구

청혼 엽서

탄력 있는 가지를 펼치며
들어 올린 기둥에 기쁨이 다가와
쌓이는 행복을 저축하며
기어 다니는 지구가 활기를 띤다

갈린 양성을 만나 나누는 웃음
덜어주는 행복으로 마주치는 소리
음의 높낮이가 자리를 잡고
오선지 하나하나를 메워간다
소프라노와 바리톤이 화합을 이룰 때
환호하는 청중은 두 손이 겹쳐진다

피를 섞어가는 인생에
무지개 등불을 밝히고
접시에 담긴 마음이 넘친다
흘러내린 마음을 뒤주에 담아
후손에 전하려 사가를 향해 달린다

어떤 인생이든
귀하지 않은 삶이 없듯이
떨리는 가슴을 담아
그대에게 연서로 띄운다

혼이 담긴 엽서

결혼

생태계가 다른
가지 많은 나무에
손을 모아 접을 붙이고
잠시 홍역을 앓고
받아들인 성체

빨아들인 양분을 나누고
서서히 양보를 모아 산다
태생은 열매 없는 나무였으나
그대와 성실한 행동으로
아름다운 꽃을 피우고
열매를 맺어 삽니다

맺어진 인연에 감사하고
양보의 미덕에 사랑이 솟고
눈웃음치는 꽃이
피부를 스칠 때
매력에 빠져
익어가는 열매

그것이 부부입니다

전문구

2부. 여름

벌떡 일어서며
역시 나는 행운보다는
행복을 더 추구하는 사람

여름 중

○

그분이 오시는가 봅니다
걸쳐 입던 옷을 하나씩
내려놓습니다

다 벗어도 좋으련만
이목이 쏠려 참아 내고
하지만 그분에게는
모두 보여주고 싶지 않습니다
겉모습만 보여도 얼굴이 빨개지니까요

한 달 후면 그분은
다시 멀어집니다
몇 개월 후면
아주 냉정하게 돌아섭니다

나는 따뜻한 목화 속에서
임과 뜨거운 동침을 할 것입니다
냉정히 돌아선 그분을 원망하며

행복

뒤뚱뒤뚱 걷는 길
길섶에 낚시하는 클로버
햇볕이 웅크리길 기다려
네 잎 클로버를 당긴다
동서남북 전후좌우
아릿하게 비슷한 손가락 셋
눈뜨고 눈 감고 찾아도
보이지 않는 네 잎 클로버

벌떡 일어서며
역시 나는 행운보다는
행복을 더 추구하는 사람

전문구

모래

비비대고 있지
철퍼덕 앉아도 가렵지 않아
뜨거운 엉덩이 맛을 아는 여름
살짝 애무로 달궈진 열기
빠져나가는 열기는 물 속으로 잠긴다

세탁된 임이 더듬거려도
떨어지지 않으려는 모공을 잡고
세상을 돌려본다

겉바속촉의 원조가 되어
모슬렘의 바닥에 눌리어도
종교의 강한 개성으로 살아난다

화합을 모르는 임
하지만 모여서 산다
말 많은 인간의 개성을 비웃으며

바다는

외로우면
태양을 부르지
따뜻한 태양 아래
노니는 연인들이
친구가 되어주기 때문

바다는 심심하면
바람에 몸을 밀어
춤추는 배를 띄우지

그래도 심심하면
그대가 변할까
소금을 부르지
흔들리는 마음에 이끼가 낄까 봐

전문구

불

내민 혓바닥 속
깔끔 거리며 속을 태운다
타고 있는 것은 속이 아닌데
창피함도 없이 벌겋게
나체로 휘감아 돈다

한낮을 태우고
한밤을 태워도
꺼지지 않는 성질머리

허리를 감고 오르는 성격에
빨간 자동차도 힘에 부친다
꺼질 듯하며 살아가는 재

사랑도 삶도 저리 힘이 셀까
지나간 자국에 시커먼 마음
고통을 남기는 추억보다
추억을 깡그리 먹어버리고
흔적 없이 사라진다

닥칠 인생의 꽃은
언제 활활 타오르려나

바지랑대

빼빼 마른 키다리가
철통같은 보초를 선다

홀딱 뒤집힌 삼각을 쓰고
에이컵 가짜 가슴 뒤집고
더위에 뒤집힌 발바닥

엄마가 생각난 아이
가짜 가슴 슬쩍 뒤집는다

키다리를 흔든 아이
멀미 나는 몸뚱이들
어지러워 추락한다

온종일 고추 서
온몸으로 애무받아
뻣뻣한 키다리는
저녁노을만 사랑한다

전문구

속

풋내기 푸른 얼굴
겉과 속이 달라
실속 있을까 비튼 고개
새빨갛게 익은 알맹이에
시원한 빨간 맛

화사한 겉모습보다
채워둔 빈틈 없는 마음
동그랗게 굴려 본다
두드리면 대답할 터인데

화려한 포장보다
속이 깊은 사람들
겉은 잔잔하지만
꽉 들어찬 믿음이 있다

의자

무더위 고목의 그늘에
조용히 숨 참는 나무가 있다
뜨거운 햇볕이 발꿈치를 걸어도
넘어질 생각이 없다

생명을 잃은 나무
외롭지 않은 이유
발등에 시비 거는 낙엽이 말을 걸고
무릎을 기는 개미는 간지럼을 태우고
곧추세운 잠자리 허리에 목말을 탄다

하얀 낮의 그리움은 그늘이 지고
어스름 달빛이 여위어 갈 때
살포시 올라 무게를 재는 야옹이
얼굴에 기어올라 포근한 경계를 선다

외롭지 않은 의자

전문구

가지는

가려운 나무
등은 긁지 못해
그대 등 긁어 주려 손을 뻗는다

서방 바람 동네 바람에
긁어주는 바람
넘어질 듯 일어서고
피곤한 밤하늘에
할머니 옛날이야기
아이의 빛나는 눈동자
칭얼대는 뻐꾸기 소리에
잠을 설치고
입 벌린 하품은 나뭇잎이 가려주고
가려움에 지친 몸은
부스러기 돋아난다

길게 뻗은 가지는
그대의 가려운 곳으로

지렁이의 여행

흙 속에 살며
평생을 흙 맛에 중독되어

살다

눈부시게 다가온
화창한 어느 날
첫 여행의 경험이
준비 안 된 뜨거운 맛으로
흙으로 돌아가지 못함은

인간의 금전 욕심에 비등거리다
사라짐이 다르지 않음이리라

전문구

그대

여름이 없다면
겨울 기다림이 없고

그대가 없다면
애타는 기다림도 없다

말없이 알려주는 동행
그대가 있어
세월을 미워하지 않으리

봉숭아

네 몸을 짓이겨
초경이 깊게
나의 마음에
가만히 물든다면

그대의 인생은
내 손끝에서
한평생을 지내리라

첫사랑은 감추고

전문구

비야

감춘 얼굴 보고 싶어
우산 속으로 숨어든다면
서글프지 않니

그렇게 보고 싶어
두드린다면
욕심을 버리고
파란 하늘을 보여주구려

푹 담근 머릿결에
안개가 스며든다면
몽환적 얼굴을 보여 줄 텐데

내리는 너의 숨소리
마음마저 젖어 든단다
네가 아니면 마른 세월이
내릴 것 같아서

소금의 눈물

모래야
너는 입맛이 맞지 않아
초대를 받지 못하지
난 여기저기 가지 않는 곳이 없고
이 사람 저 사람의 애무를 받고
그리고 입술을 더듬으며
혀의 키스도 받고
흥분 속에 산단다

그러자
모래는
나는 예쁜 아가씨의 가슴과
음모에 살짝 누워 잠을 잔단다

그러자 소금은 슬며시 녹아 사라진다

전문구

솥

둥그런 지구가 선명하고
탱탱한 배는 둥그런 흘림

불빛 한 점 날아오면
시무룩한 속이 힘을 낸다
텅 비어있던 머리가 열을 내고
기세등등하던 자존심이 부러진다

검게 풀렸던 미소도
잔잔히 녹아들어 뜨겁게 안아주고
붉은 불이 시소를 타고
붉은 혓바닥을 흘려도 소방차는 말이 없다

힘쓴 어깨로 밀어낸 안개
기차 소리를 내도 표는 팔지 않는다
냄새에 취한 사람들을 모은다
연꽃 쟁반 활짝 벌린 평상
둘러 앉아 메달 없는 심사
살아가는 모습에 반해
문득 기억을 더듬어 찾는 날
임을 기다리는 벌거벗은 몸
빨간 애무에 사정하고 나면
또 남의 일
구멍 난 마음이 뒤집혀
하늘만 보이지 않으면
행복하단다

잡초

시름시름 앓는 그대
넓은 터를 숨겨두고
경쟁의식에 사로잡혀
고랑 터에 뿌리를 내렸구나

같은 시대 태어난 아이들
보충 없이 홀로 익힌 학습에
부족한 동전 개수에 사라진 자리

태어남은 원망이 없으나
잃어버린 옛 생각에
눈조차 뜰 길 없네

자라다 눌린 어깨
고엽제에 눈을 감는다
다음 생애엔 하늘 아래
첫 동네 태어나기를

전문구

3부. 가을

어느 날 엉덩이가 가려워
잠자코 있으니
손가락이 들어온다
괄약근에 힘을 주고
걸터앉아 위를 탐한다

담과 장미 중

담과 장미

처음 본 친구들
옆에 있으니 친구라 부르지
같은 키에 어깨동무 안성맞춤
바람이 와도 슬며시 밀고
낙엽이 눈치를 줘도
물러서지 않는다

어느 날 엉덩이가 가려워
잠자코 있으니
손가락이 들어온다
괄약근에 힘을 주고
걸터앉아 위를 탐한다

제기랄, 버릇없는 놈
머리 꼭대기에 오르고
슬그머니 안을 넘본다

미안한지
빨간 입술에
향기를 풍긴다
어차피 섞인 몸
같이 살자네

흔적

그대가 품었던 자리에
하나의 꽃이 피고
그대가 머물던 자리는
아름다운 열매가 맺혀
떠날 채비를 합니다

비와 바람과 햇볕이
다녀가도 보이지 않으나
사라진 것은 아닙니다

그대는 자리를 떠났으나
품어주었던 곳에
숨었던 날개가 일어납니다

인생에
무의미한 삶은 없습니다

전문구

툇마루

뒤꼍에 자리한 푸른 숲속
한 마리 새가 되어 날고
감각 없는 계절을 옮겨 놓은 날
굽어진 다리 기지개 켜고
문지방이 걸리적거려
타협하는 다부진 다짐

송판때기 몇 자에
힘없는 중생이
마무리될지 모르는 인생에
희망을 놓습니다

급하면 하지를 열어 거름을 주고
목 치미에* 무게 중심을 두고
단단한 허리에 무게를 줄이고
건너편에 보이는 우물 동이 숫자를 세고
눈과 비가 간 보는 날
문구멍이 지구의 전부
퇴계 선생님이 즐기던 곳
너의 등은 나의 기댐 기둥이리라

*"목침"의 방언(강원, 경상)

책임

너무 예뻐 허리 잘린 꽃
반신욕 시간 늘려가며
숨을 참고 견디며
오직 그대만을 위해 다소곳이
벽면을 채우고 향기를 감춘다

어느새 시든 꽃
시들어가는 무관심
외롭게 버티다 떨어진다

잠시의 관심보다
어울려 가는 인생이 아름다운 것
꺾었으면 평생을 함께하는
그대의 뿌리가 되소서

전문구

커피향

커피가 물에 잠기면
아낙의 가슴 아린 향이
코끝을 더듬으리
바구니 옆에 낀
아낙의 땀 섞인 원두
커피 따는 손을 두른 그을린 포자
발밑을 버티고 있는 원두의 피지

나무의 외로운 향기는
시름도 잊게 해주는 언덕

손에 들린 향
소리를 대신하는 향
다섯 갈래의 꽃은
연을 이어주는
마주 잡은 다섯 공주

변해도

본모습을 볼 수 있는 사람은
유일한 사람

아침부터 시작되는 숨김의 시작
헝클어진 머리 포니테일
냄새나는 입은 걸러지고
시커먼 얼굴에 칼의 스침
빈속에 들어선 물건들
변장하는 시간에 골몰할 때
착각착각 시간 따라
착각 수준으로 변장한다

옷 속에 숨었던 사람은 사라지고
온갖 장식으로 요술을 부린
완벽한 변장술
우리는 그런 겉치레로
많은 사람을 속이고 산다

변장에 변장은 환상
환상 속에 환장하며 살고 있다

마음만은 변장하지 않기를

전문구

무섭게 흐른다

장마가 삼켜
저렇게 무섭게 흐르는 물

세월도
황토색과 황혼색에 섞여
저렇게 무섭게 흘러간다

다만 느끼지 못할 뿐

친구

살머시 팔짱을 낀다
가려운 팔에 스치는 쾌감
팔이 무거워 온다
매일 팔 굽혀 펴기로 단련

점점 무거워 오는 팔에 기운
둥근 호박 섶에 감긴 팔은
중력을 이기려 근육을 먹는다

매달리려는 친구보다
기둥이 되는 친구가 되자

전문구

섬

섬 하나 키우고 있다
복잡한 사람들이 사는 섬
나는 군중 속 외로운 섬
고독한 섬에 홀로 서 있다

그 섬에
친구 하나 들어오면 좋으련만

긴장과 뒤

벗은 몸 가려주는 조용한 침묵
사색에 잠겨 힘을 주고
똑똑똑 두드림에 풀리는 힘줄
감았던 눈이 풀리고
둔덕을 풀어
탁탁탁
손가락 불만에 힘이 간다

가다듬은 마음에 괄약근
힘껏 밀어내고 숨은 인상을 쓰며
첨벙 소리 한여름 물속 다이빙
완화되는 긴장에 내려앉는 눈썹

급하게 노크하던 마음은 어제
보이지 않는 대기는 남의 일
천천히 풀리는 구름 종이가 눈치를 준다

간사한 인간은 언제
가지런한 휴지가 될까

전문구

열매는

날씨가 더워 말을 잊어나 봐요
밭고랑에 질펀히 누워 베개 없이 누웠어요
성희롱도 상관없이 서로를 비비고 누웠어요
검은 친구가 몰려오니 외눈을 살짝 뜨네요
혹시나 하며 윙크를 몰아 대니
잠시 쉬어가려는 듯 정지된 구름에
이동하다 떨어진 구멍으로 물이 새네요
누웠던 몸을 일으켜 대화를 시작하네요
떨어지는 물은 같아도 소리는 달라요
흘러드는 소리 흘러가는 소리
친구들과 이야기에 정신없는 시장바닥
벌떡 일어선 발기에 숨어 있는 벌 나비
맞는 상대 고르느라 숨을 참아요

여기저기 드나드는 불륜 같아도
같은 꽃 수술에 담지 않아요
꽃 속에는 많은 수술이 선택을 기다려요
간택된 수술은 입을 오므려 고개 숙여요

얼굴을 보면 알잖아요
똑같이 열리지만, 얼굴이 다르다는 것을
가끔은 성형을 해 비슷한 얼굴이 많아요
개성 강한 시대는 지난 것 같아요
보기 좋은 것은 화장품을 너무 많이 써요

자연과 함께 자라는
그대가 개성이 강해요

전문구

국화

임진년의 고개 숙인 영(靈)
바다를 빨갛게 수놓는다
멍이 든 파도에 밀리고
뭍으로 밀려들어
하얀 국화가 되었나 보다

한마음 조국을 지키려는
국화는 그렇게 바다의 한을
하늘로 승화한 넋이
한반도를 감싸고 완벽한
국화꽃이 되었나 보다

꺾이지 않는 기상은
한민족의 긍지를 닮아
백의민족으로 피어남이라
서릿발 같은 선조의 계시는
영원히 잊지 말라며
한반도 곳곳에 피어남이라

사랑비

곤충의 탈피에 이슬비 내리고
새싹의 기도에 사랑비가 내린다
동물의 울음소리 버거운 날
슬퍼하는 인간에 소낙비

연인은 작은 우산에 외톨 걸음

우산 속마음은 비 피함일까
뜨거운 피의 합창일까
내린 비에 둥둥 떠가는 낙엽 속
사랑 마음 헛디뎌
황혼을 약속한다

전문구

하늘

인간의 괴롭힘으로
새파랗게 멍이 든 하늘

멍울을 위한
하얀 파스 붙이고
피고름을 덜어내는 눈·비 내려
빨간 훈증으로 다스려도
사라지지 않는 멍울

노을로 치료된 하늘에
별을 반짝반짝하게
닦아 놓는다

하늘에 노란 등
달아 놓고

비우지 말자

텅 빈 슬픔에
온기 없는 바람이 잠을 잔다
산 집에 거미줄을 치고
흐르지 않는 피가 메말라 가고
틈이 터져 생명이 돋아나도
마음 줄 곳이 없다

인간의 빈집
텅 비어 버린 머리
비어버려 바람 빠진 가슴
마음에 거미줄이 걸리면
서서히 대들보가 무너진다

비우지 말자
마음도 정신도
비워지면 서서히 무너져 가기에

전문구

산책

투벅투벅 발걸음 소리
음이 같은 것을 보니 평지
투우벅투우벅 늘어난 발자국 오르막
토박토박 잰걸음 소리 내리막길
외로운 발걸음 소리만 들리고
휘젓는 팔에 바람만 감긴다

한여름 햇볕이 노을을 가릴 때
집 나간 마음은 마을 어귀를 돌고
논두렁 길 다진 붉은 흙을 털고
거미줄 훔치며 개구리 소리 죽이고 있다
다리를 건너는 물빛은 사라지고
그림자 없는 나무와 길동무
발목 잡는 풀들이 유행가 테이프를 늘린다
꾸불거리는 뱀 목을 지나
저녁이 긴 다리 아래로 흘러나온다

달빛이 마중하니 외롭지 않고
짧았던 그림자 동행하니 지루하지 않고
기다리던 인절미
목소리 높여 부른다

산책길은 와야 하는 길이
점점 멀어져 간다

전문구

4부. 겨울

하늘이 선사하는
하얀 보석을 바라보다
화선지를 연다

눈(雪) 중

마늘

걸어 잠근 추위
희미한 환생을 꿈꾸며
호랑이와 곰은
냄새에 잠긴다

인간이 되고파
겨울이 뭉치는 아릿한
추위를 견디며 간직한
투명한 순결 막이 터지며
하얀 속살에 알싸한 쾌감을 주며
역사는 매일 소리치며 이어간다

포슬 한 이불을 덮고
그늘에 숨은 거친 숨소리
감기고 숨긴 피부로
그대는 알싸한 세상에
역사를 이어줘 보았는가

너의 맘

앞을 보며 가는 길이
아무리 좋다 한들
홀로 가는 길은
너를 잊어버려서가 아니라
네가 나를 잊었기 때문이라

한 손에 들고 있는
너의 마음이 녹기 전
가슴에 담아야 하지만
내 가슴이 작아 넘긴 것 뿐

가는 길에 늘어선 마음이
너의 마음을 찾는다면
꼭 가슴을 넣으리라

그리고
꼭 닫고 열지 않으리라

전문구

파투

박수받은 숫자의 위력
문제가 된 동전은 누구
환전하러 간다

법복 차려입은 혼례식장
양쪽으로 늘어선 하객처럼
반이 갈려있으나 객석은 하나

신랑 신부
이혼 선언문 낭독 전
추억을 그려댄다
신부 쪽 우인 대표 횡설수설
저지하는 주례의 손짓에 찔끔
신랑 측 대표 어머니
바람기 있는 연설에
잘리는 우인 대표의 고함
주례의 망치 소리에 입 다문 객석

객석의 소리침에
주례는 망치를 두드리며
신랑·신부 퇴장을 명한다

"파토* 나면 축의금도 돌려주시오"

축의금 모두 정리되면
다시 개정하겠습니다.

*화투 놀이에서, 잘못되어 판이 무효가 됨(규범 표기 "파투")

전문구

가난

바지 주머니에
구멍이 났다
넣으면 새고
또 넣으면 사라지고
허리둘레를 재고
엉덩이둘레를 재도
빠져나갈 하수도가 없다

아하 가난은
아래로 새는 것이 아니라
위로 새는 것이구나
주머니는 위로 열려있어

발보다 손이 앞서고
눈치 없는 행동에
주머니 주인을 미워하리

고목

높은 줄만 알았지
너의 발이 넓은 데에도
그늘이 비껴갈 수 없음을
긴 여름을 보고 알았지

울퉁불퉁 상흔
너의 고통에 비틀린 삶이
뿌리 위로 솟은 발등이
고통의 굴곡을 말해 주더군

전문구

씨앗

뜨지 않은 눈
보이지만 착각하는 눈
보이는 것만이 정확한 것이 아니다

감은 눈이
더 정직할 수 있다
생각이 많은 눈이
고집을 피우고 있다

햇볕이 눈에 거슬려 숨고
한 줌의 흙에 묻혀 눈을 뜬다
그리고 세상에 나와
환한 귀를 더듬는다

보이지 않는
떡잎 같은 눈

눈(雪)

하늘이 선사하는
하얀 보석을 바라보다
화선지를 연다

닦아 보려는 보석을
잔상으로 떠보는 눈

화선지에는
어느새 하얀 보석으로 채워진다

전문구

나와 꽃

마음에 움츠림이 컸단다
궁금한 세상에 나와
익숙함을 알게 해준 사랑으로
매일 익숙함에 눈을 감았단다

너는 건드려도 피하지 않고
밟혀도 아파하지 않고
불만 없는 네가 부러웠단다

말하는 나는 불만이 많았고
비위를 맞추는 맛에 길들어가고
그렇게 주름살만 늘려 주었단다

말 없는 너는 향기를 품고
아름다움을 선사하고
일찍 사라지는 너에게 자신감이 있었지만
매년 잊지 않고 나타나
더 아름답게 피어남에 부끄러웠단다

한번 태어난 인생인데
아름답게 살아가려는 노력을 게을리한 것
부러우면 지는 것이라 했단다
너는 또 지지만 나에게는 이겼단다

너의 향기와 아름다움을 이제야 알다니
후회한단다

전문구

책

허공에서 태어나
빳빳하게 발기하여
전시장에 걸린다

채색에 물든 안개
스치는 인생이 서러워도
처녀성을 기다린다

술집 작부의 입처럼
바쁜 움직임에 행복
오직 한 사람만 사랑하기에는
아쉬움에 좀이 슨다

너덜너덜한 몸이 기쁘고
지문을 가득 먹어야 행복
온몸이 말라버려 하늘거려도
검은 눈동자만 보이면 안심

페이지를 잃어버린 세상에 눈물
하얀 목화에 검은 씨
의젓하게 태어난

페이지

세월은 번개

엄마의 뜰에 정화수
품 안의 맛에 빠져버린 세월
달콤한 부드러움은
가는 줄에 매여있지만
휘둘리는 손에
휘어진 인생만 길어진다
마음이 흔들리고
팽팽하게 꼬인 줄
당겼던 줄이 출렁이고
풍족하던 향이 줄어들 때
세월도 가늘어진다
경쟁하던 얼굴도 사라지고
밀착되는 몸에 부스러기 쌓여
말라가는 물에 비틀리는 인생
비 내리기 소원하다 벼락 맞는 인생

세월은 번개처럼 지나간다

전문구

5부. 사계절

더 예쁘게 간직하세요
첫사랑은 오직 하나뿐이니까요
그리울 때 살짝 꺼내 보세요

첫사랑 중

수리되는 인간

종일 나사가 풀렸던 몸
매트로 누워 조이고
돌리다 보면 소리가 난다
옆으로 세우고
덜컹 걸리면 기름을 짠다

물 한 모금 축이고
다시 거죽을 덮는다
오래된 나사는 애무에 약하고
돌리다 보면 뻣뻣한 조임
삐걱대며 거슬린 소리
갈고 닦고 기름치고
새것처럼 위장한다
그러나 생산연도가 뚜렷한 이력서
수리한 흔적에 화장한다

정해지지 않은 유효 기간
멋모르는 뚜벅이는
오늘도 무표정하게 달리고 있다

무서움 이란

동물도
동족의 사냥을 피한다

그런데
인간은 사람을 끊는다

그래도 동물보다
만물에 영장이 위대하다고 할까

말하는 동물이
배꼽을 잡으리라

전문구

손가락

열 개가
뭉치면 하나가 되고
다섯 개가 뭉치면 둘이 된다

언제 어느 때 뭉쳐도
싸움 없이 뭉치는 손가락
뭉치면 서로 기대고
감싸 안고 토닥토닥

위험이 닥치면
나눠 쥐고
돌아서면 보호

언제나 씻어주고
감싸주며 펴주는 손과 가락

때로는 냉정하게
뿌리치는 손이 무서워 굽어진다

울어라

아가야 실컷 울어라
소리쳐 높이 울어라
그칠 때까지 울어라

아가야 말하기 시작하면
울어도 소용없느니라

말하며 우는 것은
용서가 없느니라

그러니 아가야 실컷 울어라
그럴수록 부모는 즐거워하느니라
너의 울음소리는 음악으로 들리고
소리를 낼 수 있다는 입술에
부모의 손이 미소를 짓는다

말 더듬기 전

전문구

마음 아파하지 말자

배신에 아팠다면
잊어버려라
더 큰 아픔을 버렸다
생각하자

어차피 인생이란
배신의 연속이다

한 이불속 동침도
돌아서면 찬 서리가 내리고
눈도 마주치지 못하더라

배신 없는 삶은
그대의 마음뿐이더라

천사

내가 기억하는
사람은 첫사랑이요
내가 부끄러워하는
사람은 짝사랑입니다
내 가슴이 떨리는
사람은 내가 좋아하는 사랑
내 가슴이 아파지는 것은
실패한 사랑입니다
내 가슴에서 사라진 사람은
서글픈 사랑

내 가슴을 설레게 하는 사람은
천사입니다

그대는 잃어버린 사랑을
찾아주는 천사입니다

전문구

첫사랑

남아있나요
아직도 그리움이 남아있다면
그것은 그대의 첫사랑입니다

문득문득 생각나나요
그렇다면 그것은
첫사랑이었네요

향긋한 얼굴이
기억나나요
아릿한 첫사랑이네요

예쁘지도 밉지도 않은데
그리워지는 건
깊은 속에 꺼내지 못하는
간직한 첫사랑이었네요

더 예쁘게 간직하세요
첫사랑은 오직 하나뿐이니까요
그리울 때 살짝 꺼내 보세요

쉿
누가 볼까 봐요

현의 점

야금야금 파고드는 소리
연한 줄로 합하고 들어선
깊은 속을 허무는 신기함
한해와 절기가 표현된 가야금에
풀어 드는 거문고의 어울림
저속으로 갈아든
짧은 점은 접점을 찾아
심상을 녹여 발화점을 찾는다
극한 밀리미터의 차이에
갈라지는 가슴은
한기를 받은 가슴 막에 꽂혀
간담이 녹아내린다

어울리는 한복의 자태를
휘감아 도는 천상의 선녀
끊는 애간장에 녹아든 숙성
옷고름 풀어주고 받는 현
점으로 한없이 끌려들어
꿈을 이어주는 한 마리의
학이 날개를 편 펄럭임에
진동은 감긴 눈도 감겨온다

[가야금 기본 12줄 21-25의 다양 거문고 6줄]

전문구

예쁜 걸음

세상에서
제일 예쁜 걸음은

예쁜 모델이 되어
젓가락 다리의 엇갈리는 걸음

결혼식에 예쁜 신부
입장하는 삶의 걸음

세상이 힘들게 만든
세 다리의 걸음걸이

아니다
모두 아니다
첫돌을 만나려
아장아장 걷는 아가의 첫걸음

아이 예뻐라

천사의 웃음

그럴 것 같다
천사의 웃음은
내가 원하는
그대로 받아주는
그것이 천사의 웃음일 것이야

비틀리지 않는
뒤끝이 없는
비소가 곁들이지 않는

그것은
아기천사가 답을 하는 깃일 기야

전문구

후일

움직인다
보이지 않지만 움직임
노크하면 두드리는 움직임

나는 너를 안다
태아 사진에 보이는
너의 코 눈 손…….
예술적으로 빚어가는 모습
엄마 아빠는 매일 밤
기도하며 엄마의 사랑
아빠의 힘으로 너에게 힘을 싣는다
너는 아는지 모르지만
온 힘을 다한 엄마 아빠 정성

너 태어나던 날
아무 생각도 없이
너의 건강한 모습만 기다렸단다
우렁찬 세상의 첫소리에
떨리는 손으로 너를 만난 날
눈에서 뚝뚝 떨어지는 꽃
너와의 인연에 감사한다

너의 삶이 궁금하지만
후일 피붙이의 탄생을 보면
부모의 마음을 알터

전문구

주인공은

세상을 밝게 해주는 사람
나라의 최고 권력자도 아니요
매일 환하게 밝혀주는 전기도 아니요
하늘에 둥글게 떠 해바라기 하는
태양은 나를 밝혀주지만

정말로 밝게 해주는 사람은
매일 새벽이면
묵묵히 거리를 밟고
깨끗하게 밝혀주는
빗자루 타고 다니는
두 손 모은 손

나 좀 치워주세요
마르지 않은 낙엽이
미안한지 꼭지를 들고
벽에 붙은 얼굴은
웃음을 내린 채
후보라 손짓한다

그들은
세상을 밝게 이어주는 주인공

길

나는
그대가 걷는 목에서
기다릴 뿐

사뿐히 걸어가든
경중경중 뛰어가든
살포시 앉아 쉬어가든
언제나 그대를 기다립니다

그대 없는 길은
사라지는 인생
바람이 훑고 지나가도
나를 밟고 지나감에 행복입니다

그대가 나그네라도
행복에 겨워 발자취를 찍어 둡니다
같은 발소리가 들리면 감춘 기억을 들춥니다

나에게 행복은 단골입니다
발만 있으면 누구든 행복
내가 보이면 성공의 지름길입니다

전문구

잠시

끌고 온
며느리의 유모차
복덩이가 벌룽벌룽
기껏 안아 들고

아웅 아웅
까꿍 까꿍
도리도리
윙크 윙크

갑자기 말이 사라지고
의성어에 의지한다

나도 그 옛날로 돌아간다

둥근 손잡이에 꿈

모든 꿈이 들어 있다
햇볕이 대지를 달구던 날
시시껄렁한 단풍 든 낙엽을
손에 걸치고 떨리는 두 손에
뭍을 벗어난다
백사장 모래에 빛나는 윤슬
감겨있던 폭탄이 터지듯
두 손이 하늘을 들고 있다

잡힌 손은 지구를 향하고
경계에 나선 눈은 아이들의 깊이
피곤함에 저문 하품을 싣고
맛있는 침대에 눕는다

번쩍 뜨이는 눈을 비비며
기쁨과 떨리는 마음으로
자동차 전시장으로 향한다

전문구

안개꽃

세월에 지지 않는 꽃
언제 필지 몰라 눈 뜨고 기다리옵니다

십여 년 전 배산임수에 고이고이
정성껏 모셔드린 어머님
내일이면 싹이 트이길
가신 날 정성껏 젖은 눈썹 감추며
두 손 모아 빌고 빌었습니다

메마른 땅에 모시는 것이 아니었는데
촉촉한 물기 사라진
곁에 와 눈물을 뿌렸지만
다시 틔우지 못하고 산화하며
틔워둔 씨앗에게
미룬단 말씀만 하셨지요

나는 알고 있었습니다
씨눈이 닫히는 것을 말려야 했는데
그때는 눈물 때문에 그러지 못해
이렇게 후회만 늘어놓습니다

후회하며 산다고 하지만
숙어진 가슴이 저립니다
다만 아직도 잊지 못하고
사랑하고 있습니다
꿈속에서라도 꽃이 피기를 비옵니다

전문구

이유

남자들이
서서 일을 보는 것은
언제든 전쟁터에 나갈 수 있는
시간을 버는 것이요

여자들이 앉아서
지구를 누르고 있는 것은
끝까지 가정을 지켜
보호하라는 것

나이가 들어
서기도 앉기도 하는 것은
변화에 적응하여 후손을 지키라는 것
그것이 최후의 애국

이유·1

남자가 서서
멀리 보내는 것은
영토를 넓히라는 뜻이요

여자가 깊이 보내는 뜻은
곡식을 잘 가꾸어 유지하라는 뜻

이치에 맞는 뜻은
모두 행복해지라는 뜻이므로
그대의 임무를 거스르지 말라

전문구

하루

상자에 달린 모터
한잠 자고 레일을 달린다
표정 없는 사람들과 만남
뒤돌아봄 없이
한 명씩 스캔이 되고
닮지 않은 얼굴과
손에 들린 딱지에 요란한 숫자
삑삑 소리가 집어삼키고
인력거꾼은 말이 없고
기계만 벙어리 소리를 낸다

귀에 꽂힌 소리 방
로봇 표정 속 고개만 까딱 박자를 맞추고
엉덩방아를 찧고 흔들리는 개다리춤
눈과 귀는 각방을 쓴다
삑삑 소리에 내 던지는 몸뚱이

만남과 헤어짐이 약속도 없이
기계와 음의 혼돈 속
기계처럼 움직이는 몸뚱이

잰걸음은 독침을 거둔 채
벌집 속으로 사라진다
꿀이 가득한 집이 되기 위해

전문구

세 살 버릇

바랜 앨범 꺼내 놓고
옛날 사진 돌려보니
한결같이 차렷 자세
여기저기 바른 자세

내가 바르게 사는 것은
이때부터 정해져 있었구나

외솔길

홀로 가는 길
마른 낙엽이 안내하는 길
사각 소리 서러운 길
외로움을 일으키는 새벽
홀로 자라난 밤(夜)처럼
바람만 오르는 외로움
소복이 내려앉은 찬 이슬
말려가는 소리에 소슬한 바람
잊힐 만하면 들리는 뻐꾹 소리
울림에 약한 외 솔잎은
붉은 길을 놓는다

외로운 길 따라

전문구

뉴스

오늘 기분 좋습니다
나는 기분을 먹고 삽니다
아름다운 골을 넣으면
일주일을 기분 좋게 골인합니다

골 없는 날은
공치는 날입니다
멀리서 들려오는 딱 하는 소리
누상을 돌아 홈으로 질주합니다

이 모든 것은 뉴스 덕분입니다

모나리자의 눈썹

행복한 화가는
그림으로 들어갈 때
색상의 복잡함처럼
마음은 갈등의 색으로 물들고
손과 눈이 어울려 채워가는
세상에 하나뿐인 화선지

밤을 새우며 그려가던
모나리자
모두 그려 넣고
눈썹달 그려 넣으려다
그믐달로 사라져 그리지 못한
눈썹

모나리자 눈썹은
월령 2일에 바라보면 보일 테요

전문구

성공하는 사람들

산 뒤에 더 큰 산이 있는 줄
알았으면 시작도 안 했을 텐데
정말 몰랐다

인생도 그렇다
힘든 일 하고 나면 편한 줄 알았는데
더 큰 일이 있다는 것을 몰랐다

그렇다
때로는 모르기에 도전하고
그리고 넘으려는 사람들
알면서 도전하는 사람은 없다
모르기에 도전을 하고

그래서 성공하는 사람들

손맛

시인이지만
아내보다 맛있게 쓰지 못한다

아내는 주방에서 몇 번 왕복하고
툭탁툭탁 몇 번의 칼질이면
코끝을 디밀게 하는 향기와
혀가 춤을 추는 맛있는
향을 지어낸다

아내에게 다시 배워야겠다
시를 맛있게 요리하는 방법을

시는 재료보다
손에 의해 연결되는 맛이라는 것을

전문구

친구의 맛

푹 담긴 맛이 묵어지면
진하게 변하여 자극되는 코

넓은 맛을 고독하게 감춰주고
주변을 물리지만
중독된 마약처럼
먹어보지 않은 사람은 있어도
한 번만 먹어본 사람은 없다

친구도
진한 향을 아는 사람만
영원히 동행하는 맛을 안다

물의 성격

깊은 속은 보이지 않지만

인간의
삐뚠 성격처럼
얇게 보이나 살짝 굽어진 성격이다

전문구

보이지 않는 길

눈 감아도 보이는 길
엄마와 아기의 눈
날아가는 새의 길
그대를 바라보는 눈길
손에 들려 보이지 않는 소리 길

좋은 말을 하는 사람은
사랑스러운 말 길
거슬리는 말만 일삼는
기분 나쁜 말 길

말에도 길이 있다
행복을 주는 말
보이지 않는 길
그 길은 마음속에 있다

부부 싸움

비명을 지르고
싸우고 있는 부부

아이가 빤히 쳐다본다

궁금해서
아이에게 묻는다

별일 아니라는 듯

괜찮아요
밤에도 똑같아요

전문구

시계

세상에 부지런도 하지
잠시도 쉼 없이 달려가니
쉴 줄도 모르고 뛸 줄도 모르는
멍텅구리지만 부지런은 하지
시침과 분침이
착각 착각하며 쉬라 해도
모른 척 지나가는 나그네
인연이 있어 매분 매시간 만나지만
차 한 잔 나눌 줄 모른다

여의도가 시계를 닮아 가면 좋겠다
자기 할 일에 열심히 열을 올리고
같이 앉아 밥 한번 먹지 못하는
편견 없는 정치
눈치 안 보고 가야 할 길 가는
마음도 둥글게 돌고
각이 없는 삶으로
국민 위에 군림한다는 착각하지 않는
점잖은 시침처럼 천천히 가도
할 일 다 하는 그런
시계 같은 정직한 정치

인생

돛대 없는 배를 타고
굴곡 없는 바다를 넘나 든다

떠다니는 배
흘러가는 인생은
보이지 않는 수평선

평안할 것 같은 배
흔들리는 인생처럼
바람 따라 넘어야 할 산
넓게 보이나 가둠의 인생

태풍에 고비도 넘고
튀는 물에 짠 인생의 맛
적응하다 잃어버린 삶

그것이 인생이니
뱃전에 누운 고기처럼
펄떡이며 힘쓰지 말자

전문구

순간의 찰칵

찰칵
찰칵찰칵
인생을 먹어가는 소리
뚜벅뚜벅 소리 줄이고
찰칵 소리마저 줄인다

미농지를 들고 밀어댄다
찰칵찰칵
수없이 퍼지는 입체에 각을 세우려
순서 없이 눌러댄다
하나의 작품을 얻기 위해 쪽잠을 자고
어설픈 날씨를 따라 노을을 먹고
밝아오는 여명에 오메가 눈을 뜨고
간밤에 도둑이 들었는지 제 발이 저리다
빈속에 마셔대는 여명과 노을이 담긴 술병
시렁에 고이고이 쌓여 간다
한 장의 작품은 동사라야 얻을 수 있고
여행은 잠잘 곳이 있지만
작품은 목적지가 누울 곳은
누울 수 없는 침대가 여행이 될까
고행이 될까

오늘도 허가 난 도둑은
눈 뜨고 자고 있다

순간의 선택을 위해

전문구

혼례

반지를 낀다고 행복의 온도가
오르리라 착각하지 마라
하루에도 수백 번은 혀에 화장을 하고
수십 번의 입술을 더듬어
조각난 단어를 꿰매야 한다
잠시라도 이와 혀가 마주치면
주머니에 저축했던 화대가
날지 못하게 지문을 지워야 한다
호적에 잉크가 마르는 순간
씌워졌던 눈 온도는 녹아버리고
굳었던 몸은 춤을 춰야 하지

어둠이 다가오면
남자의 불끈한 자존심은 세우고
물소리 끝나기 전
기차 소리를 낸다면
무료 표는 사라지리라
팔베개에 무게를 느끼면
선녀 옷의 깃이 펄럭이지 않게
두 날개를 빗어 귀여운
마스크를 걸려야 하리

그렇게
배로 힘든 몸이지만
인생은 몇 배의 행복으로 질주하지

전문구

자유

행복으로 사는 것이 아니요
인간은 가치로 사는 것

행복은
가치를 믿어 주지 않고
곁에 머물 뿐

마음의 자유가
감옥에서 해방되는 것
세상이 아름다워 보일 때
그것이 진정한 자유

점

생은 하나의 점
점 하나 사라진다고
세상이 변하는 것 아닐 터

다만 흔적이 지워질 뿐
혼란 속에서 자란 점
아주 작게라도
남겨질 수 있음에 감사하자

어차피 점은 찍힐 뿐

전무구

천재는

아주 오래 살거나
아름다운 글을 쓴 천재

숨 쉬는 생은 길지 않으나
생각의 생은 길다

천재가 쓴 글은
오래도록 머리에서 머리로
사라지지 않고 남아

짧은 기간에
단단한 열매를 맺어
좋은 씨앗으로 남기 때문

천재의 긴 흔적
세상 모두에게 오랜 기억을 준다

거짓말쟁이

잘 지내지
밥 한번 먹자
어 그래
술 한잔하자
그래
담에 꼭 연락할게
고마워 다음에 봐
허공에 대고 이야기한다

그런 연락이
자녀 결혼이나
부모님 상에
연락하는
나는 못된
거짓말쟁이

전문구

| 해설 |

미래를 향한 긍정의 서정미학

청혼_전문구 시집

| 해설 |
미래를 향한 긍정의 서정미학

정설연 시인

1

 전문구 시인의 이번 시집 『청혼』에는 생의 감사와 축복이 잘 드러나 있으며 관조의 이면에 놓인 삶의 질서와 원론에 관해 형상화한다. 시인은 시에서 역설적으로 깨달음의 여러 형태를 풍부한 심상으로 불러들인다. 다양한 시편들을 통해 색다른 발상 전환의 장을 그린다. 심상은 시의 생명이라 하듯 시를 창작할 때는 심상의 활용이 필요하다. 감각적 심상, 어떤 관념이나 사물을 비유하는 비유적 심상, 상징적 심상을 잘 구사하는 시인이다. 생에 대한 깊이 있는 성찰로부터의 감사 메시지가 있다. 루이스(C.D.Lewis)는 "심상은 말로 만들어진 그림이다. 한 개의 형용사, 한 개의 은유, 한 개의 직유로 심상을 만들어 낼 수 있다." 심상의 역할이 시의 "신선감, 환기력"에 있다고 하였다. 감각성을 드러내는 풍부한 심상이 전문구 시인의 장점이라고 할 수 있다. '만남'은 서로가 서로에게 따뜻한 존재가 된다. 생에 대한 깊이 있는 성찰이 전제되며 이 시대의 수많은 청춘과 사랑하는 이를 떠올리게 한다. 시인은 청혼이 지닌 안위와 생명력으로 온전한 세계의 회복을 꿈꾼다. '만남'에는 내가 나를 만나는 것도 있고, 내가 사물과 만나는 것도 있다.

  시집 『청혼』의 시편들은 자연과 사물을 객관화하지 않고 그것을 삶과 정신의 내부로 끌어들여 재해석해 내는 일을 능수 능란하게 처리하며 인생관에 접근시킨 점이 특징이다. 이런 만남이 새로운 상상력을 만들고 새로운 세상을 만들어가는 힘을 주고 있음이 형상화되는 구체적인 실례를 그의 시편들을 통해 살펴보고자 한다.

2

  전문구 시인의 시편들에서 마주하게 되는 흐름은 '나'를 둘러싼 것들과의 연관 속에서 무한한 가능성을 열어나간다. 표제작 시적 대상이 구축해나가는 서정의 확장성을 살펴보자.

간택된 사랑은
어느 날 넓은 마음을 선택해 태어난 것이
그대를 만나기 위한 주춧돌이었습니다

깊은 우주에
셀 수 없는 블록이 들어 있어
하나둘 숙성되어가는 과정이었습니다
나에게 채워야 할 퍼즐을
유일함이 메워 줄 수 있듯이
맞춰가는 인생은 아름답습니다

그대 꽃은 아름답지만
나의 봉오리는 부족합니다

그대의 따뜻한 손이 필요합니다
사랑으로 아름답게 피워주세요
그대의 심성으로 아름답게 피어날 수 있습니다

행복이라는 향기로
주변을 가득 채울 수 있도록
인생을 다하겠습니다
그대는 유일한 나의 천사
이 생명 다할 때까지
그대의 미소가 되겠습니다

   님을 사랑합니다
그대만 있으면 행복합니다
저의 청혼을 받아주세요

그대를 목숨 바쳐 사랑하는
     드림

_「청혼」 전문

 이 표제작은 이 시집 전체의 서시(序詩)이다. 시의 핵심이 여럿 포함되어 있으며 구체적인 삶의 기반을 인식하고 느끼는 방식에서의 감성을 주목하게 한다는 점에서 그렇다. 미래와 연결되고자 하는 마음의 발현이 연속되는 자리에서 시인의 시는 시작된다. "그대를 만나기 위한 주춧돌이었습니다" "주춧돌"은 지속과 연결로서의 존재 방식을 상상하게 한다. 그것은 "우주"와 "블록" "퍼즐"처럼, 그것이 연결되며 얻게 되는 존재감이 '나'를 이루게 된다. "꽃"과 "봉오리"의 묘사는 그 속에서 자연과 언어의 결합한 아름다운 의미를 발견하며 추구하는 소망이 담긴 중요

정설연

한 상징으로 승화시킨다. 그것을 시로 풀어내는 과정이 시인의 역할임을 상기시킨다. "행복""인생"을 둘러싼 것들과의 연관 속에서 지속과 연결의 방식으로 존재하는 "그대"의 존재, 이러한 속성은 삶의 편에 서서 이 시대의 "행복"을 기원한다. 마지막 두 연에서 "그대"는 자신의 생애를 다해 반드시 추구해야 할 행복의 존재다. 그것이 바로 맑고 밝은 세상으로 초대하는 청혼의 동력이다. 그대를 만나고 축복을 얻는 삶의 순간들을 소중히 여겨야 한다는 메시지를 전하고 있다. 사물의 심층과 내면적 심층을 일체화하는 것이다.

이번에는 「나와 꽃」이라는 시에서 꽃에 대한 상징적 심상을 어떻게 구성하였는지 살펴보도록 하자

마음에 움츠림이 컸단다
궁금한 세상에 나와
익숙함을 알게 해 준 사랑으로
매일 익숙함에 눈을 감았단다

너는 건드려도 피하지 않고
밟혀도 아파하지 않고
불만 없는 네가 부러웠단다

말하는 나는 불만이 많았고
비위를 맞추는 맛에 길들어가고
그렇게 주름살만 늘려 주었단다

말 없는 너는 향기를 품고
아름다움을 선사하고
일찍 사라지는 너에게 자신감이 있었지만
매년 잊지 않고 나타나

더 아름답게 피어남에 부끄러웠단다

한번 태어난 인생인데
아름답게 살아가려는 노력을 게을리한 것
부러우면 지는 것이라 했단다
너는 또 지지만 나에게는 이겼단다

너의 향기와 아름다움을 이제야 알다니
후회한단다

_「나와 꽃」 전문

 이 시는 과거와 현재를 회상하며 성찰하는 리리시즘(lyricism)으로 연결된다. "꽃"과 함께 인생의 여정을 되돌아보며 자연의 변화를 통해 그 안에 담긴 내적 성찰을 서정적으로 표현하는 시적 여정을 담고 있다. "말 없는 너는 향기를 품고/아름다움을 선사하고"라는 구절로 그 속에서 발견되는 자연의 미적 영역과 위내함을 잔미하며 내면적으로 형상화한다. "한번 태어난 인생인데/아름답게 살아가려는 노력을 게을리한 것" 시간의 흐름을 상징적으로 보여주며 이를 통해 인간 삶의 본질을 깊이 있게 성찰하고 있다.
"너의 향기와 아름다움을 이제야 알다니/후회한단다"라고 했으니 이렇게 이면에 숨겨진 참뜻과 언어의 연금술은 씨앗의 과정을 여미고는 아름다움을 향기롭게 퍼뜨리는 작품이 되었다.
 마지막 연에서 "너의 향기와 아름다움을 이제야 알다니/후회한단다"라는 표현에는 꽃에 동화되어 일체감을 이루는 내면화 과정과 함께 시적 화자의 현재

정설연

위치를 제시한다. 시인의 의도는 꽃이라는 상징을 통해 새로운 희망을 찾고자 하는 내면의 욕구를 담아내고 있다. 자신이 세상에서 가장 아름다워야 할 하는 까닭이다.

나는
그대가 걷는 목에서
기다릴 뿐

사뿐히 걸어가든
겅중겅중 뛰어가든
살포시 앉아 쉬어가든
언제나 그대를 기다립니다

그대 없는 길은
사라지는 인생
바람이 훑고 지나가도
나를 밟고 지나감에 행복입니다

그대가 나그네라도
행복에 겨워 발자취를 찍어 둡니다
같은 발소리가 들리면 감춘 기억을 들춥니다

나에게 행복은 단골입니다
발만 있으면 누구든 행복
내가 보이면 성공의 지름길입니다

_「길」 전문

「길」에서는 인생의 길에서 만나는 깊은 성찰과 내적 결의를 담고 작품으로 시간의 흐름 속에서 의

미와 본질을 실존적으로 탐구하며 그 과정에서 시적 여정을 노래한다. 1연에서 "나는/그대가 걷는 목에서/기다릴 뿐"은 삶의 여정을 '길'이라는 상징을 통해 심상을 형상화하고 있다. '그대'는 삶의 중요한 동력이라는 것을 이 시는 보여준다. 독자는 이 시를 읽어가다 성공 뒤에 숨어 있는 행복의 시간을 환기할 수 있을 것이다. 마지막 연에서 "내가 보이면 성공의 지름길입니다"라는 미래의 전망에 더 가치를 두고 있다.

뒤뚱뒤뚱 걷는 길
길섶에 낚시하는 클로버
햇볕이 웅크리길 기다려
네 잎 클로버를 당긴다
동서남북 전후좌우
아릿하게 비슷한 손가락 셋
눈뜨고 눈 감고 찾아도
보이지 않는 네 잎 클로버

벌떡 일어서며
역시 나는 행운보다는
행복을 더 추구하는 사람

-「행복」전문

 물성과 심성의 언어 공간에 화자의 시는 존재하며 뜻을 사물에 숨긴다. 다시 말해서 말하는 언어와 말하지 않는 언어와의 공간에 그려져 있는 미학, 그것이 전문구 시인의 시라고 볼 수 있다. 클로버를 통해 행운을 상징하듯 상징은 예술표현의 한 방법이

정설연

다. 산다는 것은 행운과 행복, 자연의 섭리와 시간의 질서가 항시 '나'와 더불어 이완하고 있음을 사유하고 있다. 의인화의 방식을 빌려 자연과의 친밀감을 드러내는 시인은 자연과 교감한다. "동서남북 전후좌우/아릿하게 비슷한 손가락 셋" 이러한 문장의 발상이 시적 기능을 연결하는 욕망의 알리바이이다. 자연과 인간의 관계를 탐구하는 시인의 순수한 시선에 삶의 소우주가 들어있다.

  시인의 시가 상징과 메타포에 능하다는 것은 다음 시에서도 입증된다.

가려운 나무
등은 긁지 못해
그대 등 긁어 주려 손을 뻗는다

서방 바람 동네 바람에
긁어주는 바람
넘어질 듯 일어서고
피곤한 밤하늘에
할머니 옛날이야기
아이의 빛나는 눈동자
칭얼대는 뻐꾸기 소리에
잠을 설치고
입 벌린 하품은 나뭇잎이 가려주고
가려움에 지친 몸은
부스러기 돋아난다

길게 뻗은 가지는
그대의 가려운 곳으로

_「가지는」 전문

위 시의 어조와 어감은 마치 사랑방 이야기꾼의 이야기 맛이다. 나무의 물성은 제각기 가지를 뻗어 공간을 확보하고 살아가는 데 있다. 문맥이 내포한 의미일 행복이 자연과 함께 순수하게 어울려 있음을 알 수 있다. 나무에 대한 사유를 통해 시적 자아와 일체를 이루면서 손을 뻗는 전환으로 낯설게 하기를 표현 전략으로 삼고 있다. 인간과 대자연의 궁극적인 세계를 시의 정서로써 형상화하고 있다. "길게 뻗은 가지는/그대의 가려운 곳으로"는 유한한 삶의 아름다운 수용이다. 겸허한 성찰로써 섭리와 초월을 명징(明澄)한 언어로 보여주는 시법, 그것이 이 시의 역할이고 전문구 시인이 탐구하는 언어의 세계일 것이다. 서로가 서로를 위해 존재하는 새로운 관계가 생성되는 가지는 그러므로 길게 뻗는다. "길게 뻗은 가지는/그대의 가려운 곳으로"는 가지로 상징되는 삶의 진실에 접근하는 방식으로 시인이 세상을 살아가는데 마음의 끈끈한 유대가 되는 깃이다. 시인의 미래에 대한 비전은 현대인에게 그 가능성을 제공하기 충분한 교감이다. 모두를 아우르는 사유는 다른 이에게는 삶의 이해를 돕는 하나의 철학이 될 수 있다.

높은 줄만 알았지
너의 발이 넓은 데에도
그늘이 비껴갈 수 없음을
긴 여름을 보고 알았지

울퉁불퉁 상흔

정설연

너의 고통에 비틀린 삶이
뿌리 위로 솟은 발등이
고통의 굴곡을 말해 주더군

_「고목」 전문

 이 시의 "고목"은 세월의 회한 등이 생의 자각을 상징한 이미지로 비유되어 있다. 1연 "너의 발이 넓은 데에도/그늘이 비껴갈 수 없음을"에서 시법이 세상과 삶에 있음을 눈치챌 수 있다. 시인의 언어는 형식의 안쪽에서 본질을 향해 넓이를 표현한다. "뿌리 위로 솟은 발등이"/"고통의 굴곡을 말해 주더군"은 서로 다른 개체가 아니라 조화와 동일성으로 전이되어 그 자신의 내면에 충실한 인고의 상징물이다. 상흔과 삶, 뿌리와 고통을 대비시킨 자연의 속성은 전달력이 기막히게 표상되어 있다. 삶의 모형을 나무에서 발견하며 세월을 명석하게 해명하는 시선이 가득하다. "울퉁불퉁 상흔"에서는 감정을 감각화하는 방법으로 심상을 보여주고 있다. 시의 내용을 상징적 시어로 승화할 때 의미의 확산작용과 상승작용이 더욱 폭넓게 일어날 수 있음을 "고목"이라는 시제로 알 수 있다.

 삶에 대한 진지한 물음에 귀 기울여 보라는 메시지를 담고 있는 작품을 골라 심층적 구조가 어떻게 되어 있는지를 간략하게 살펴보자.

돛대 없는 배를 타고
굴곡 없는 바다를 넘나든다

떠다니는 배
흘러가는 인생은
보이지 않는 수평선

평안할 것 같은 배
흔들리는 인생처럼
바람 따라 넘어야 할 산
넓게 보이나 가둠의 인생

태풍에 고비도 넘고
튀는 물에 짠 인생의 맛
적응하다 잃어버린 삶

그것이 인생이니
뱃전에 누운 고기처럼
펄떡이며 힘쓰지 말자

_「인생」전문

  삶의 의미와 본질을 노래하며 미래의 비전을 표상함에 여러 가지 표현 방법을 적용하고 있다는 것은 시인의 능력일 것이다. 위 시는 주제를 내포한 대표적인 단어를 제목으로 한 경우이다. "떠다니는 배"는 『인생』이라는 제목 속에서 역설의 몸을 뒤척이고 있다. "돛대 없는 배를 타고"는 위기를 점검하는 질문의 역할을 한다. "배" "수평선" "산" "태풍" 등은 정서적 분위기를 고조시키는 심상으로 시에 유기적 긴장을 부여한다. 인생은 가끔 망망대해로 내몰리기도 하고 그 까닭으로 바닷물이 짜다는 것을 알게 된다. 뱃전에 누운 고기의 모습을 시각화하고

정설연

있는 심상에서는 감각적 선명성을 볼 수 있다. "태풍에 고비도 넘고"의 의미심장한 형상화는 시의 돛을 달아 힘을 얻을 수 있는 의미를 곁들여준다. 배는 자신의 존재를 긍정하고 온전한 세계의 회복을 꿈꾼다. 이 시에서 산은 풍랑이 이는 바다의 감각 세계와 대조를 이루며 삶을 표상하는 상징적 인식을 담고 있다.

 우리가 염원하는 삶, 곧 행복을 다음과 같이 노래함으로써 우리의 희망과 기대에 찬 자유, 긍정적인 삶의 태도를 선물하고 있다.

행복으로 사는 것이 아니요
인간은 가치로 사는 것

행복은
가치를 믿어 주지 않고
곁에 머물 뿐

마음의 자유가
감옥에서 해방되는 것
세상이 아름다워 보일 때
그것이 진정한 자유

_「자유」 전문

 시인의 언어는 무한한 우주를 마음대로 유영하는 자유를 허락하며 '가치'의 심상과 밀접하게 결합한다. 마음의 자유는 시인이 꿈꾸는 유토피아의 다른 이름일 것이다. 시인은 사물과 내면의 심층을 일체화한다. "마음의 자유가/감옥에서 해방되는 것"에서

'마음의 자유'는 시인의 자아가 아닌가 싶다. 시인은 "세상이 아름다워 보일 때/그것이 진정한 자유"라며 삶을 긍정하게 된다. 시를 억지로 이해하려 하지 않아도 자연스럽게 느낄 수 있는 공감을 불러일으키는 작품이다.

3

 전문구 시인의 시법은 늘 흥미 있고 읽으면 읽을수록 호기심이 발동하고, 깨달아 얻은 삶의 지혜와 발견은 시의 영역에서 심오한 내면의 자유를 누리게 된다. 자연의 질서와 조화를 형상화한 점도 그렇지만, 일련의 시어들이 함축하고 있는 의미와 형상의 매력 때문이다. 가끔은 비유의 질감이 고르고 부드럽다가도 탄성을 지니기도 한다. 그만큼 시적 형상이 매력으로 작용하고 있기 때문이다. 여기에 시의 힘이 있다. 시의 몫은 삶의 이야기를 들려주기 위해 뮤즈(시적 영감)를 불러내기도 한다. 시인은 관조를 다양한 모습으로 재구성해 내어, 일상 속에서 우리가 잃어버린 것을 환기하기도 한다. 진솔하게 표현하고 있는 시의 몫은 미래의 행복을 노래하는 데 있을 것이다.
 "시는 쓴 사람의 것이 아니라, 그것을 필요로 하는 사람의 것이에요."라는(영화《일 포스티노》1994) 마리오의 대사를 인용하며 마무리합니다. 이제 시의 주인은 시를 사랑하는 독자가 될 것입니다. 축하합니다.

정설연

창작동네 시인선 189

청혼

인 쇄 : 초판인쇄 2024년 12월 05일
지은이 : 전문구
펴낸이 : 윤기영
편집장 : 정설연
펴낸곳 : 노트북 출판사
등 록 : 제 305-2012-000048호
본 사 : 서울시 동대문구 사가정로 256-4호 나동B101
전 화 : 070-8887-8233 팩시밀리 02-844-5756
H P : 010-8263-8233
이메일 : hdpoem55@hanmail.net
판 형 : 신한국판형 P144_130-210

2024. 12_청혼_전문구 다섯 번째 시집

정 가 : 10,000원

ISBN : 979-11-88856-91-6-03810

*저자와의 협의로 인지는 생략합니다.
*잘못된 책은 교환해 드립니다.